Vente du Samedi 26 Mai 1877

SALLE N° 4

Collection de M. DURAND, du Havre

BELLES ET ANCIENNES

FAIENCES DE ROUEN

ET AUTRES

Exposition Publique : le Vendredi 25 Mai 1877

De une heure à cinq heures.

COMMISSAIRE-PRISEUR	EXPERT
Me CHARLES PILLET	M. CHARLES MANNHEIM
10, rue de la Grange-Batelière.	7, rue Saint-Georges.

CATALOGUE

DES

BELLES & ANCIENNES

FAIENCES DE ROUEN

DE

NEVERS — MARSEILLE — STRASBOURG & AUTRES

Grands Plats, Plateaux, Assiettes, Jardinières, Vases, etc.

PIÈCES D'ÉCHANTILLONS

Composant la Collection de M. DURAND, du Havre

ET DONT LA VENTE AURA LIEU

HOTEL DROUOT, SALLE N° 1,

Le Samedi 26 Mai 1877,

A DEUX HEURES.

Par le ministère de Me **CHARLES PILLET**, Commissaire-Priseur,
10, rue de la Grange-Batelière,

Assisté de **M. CHARLES MANNHEIM**, Expert, 7, rue Saint-Georges,

Chez lesquels se trouve le présent Catalogue.

EXPOSITION PUBLIQUE : le Vendredi 25 Mai 1877

DE UNE HEURE A CINQ HEURES.

CONDITIONS DE LA VENTE

Elle sera faite au comptant.

Les acquéreurs payeront en sus des adjudications *cinq pour cent* applicables aux frais.

L'Exposition mettant le public à même de se rendre compte de l'état des objets, aucune réclamation ne sera admise une fois l'adjudication prononcée.

Paris. — Typ. Pillet et Dumoulin, 5, rue des Grands-Augustins.

DÉSIGNATION DES OBJETS

FAIENCES DE ROUEN

1 — Très-beau plateau oblong à angles coupés, décor polychrome. Le marli offre des lambrequins alternés avec réserves blanches, en bleu et rouille.

Le fond présente un cartouche rectangulaire décoré d'un groupe de huit figures d'enfants musiciens, se détachant en bleu sur un fond jaune rehaussé d'arabesques et de quadrillages noirs. Larg., 40 cent.

2 — Grand et beau plat rond à riche décor bleu et rouille. Le marli ainsi qu'une partie du fond sont ornés de beaux lambrequins reliés par des draperies descendant vers le centre qui est occupé par une très-belle corbeille de fleurs et de fruits. Diam., 55. cent.

3 — Grand et très-beau plat rond, décor polychrome. Le marli entièrement couvert de très-beaux ornements avec réserves blanches reliées par une guirlande de fleurs et de fruits. Très-belle corbeille de fleurs au centre. Diam., 53 cent.

4 — Très-jolie bannette de forme oblongue à angles coupés et à deux anses. Riche décor rouille et bleu. Bordure à lambrequins reliés par des guirlandes de fleurs ; corbeille de fleurs avec double corne d'abondance au centre. Décor de la plus belle époque.

5 — Plateau rectangulaire à anses, décor en camaïeu bleu ; amours dans des bouquets de fleurs au centre et arabesques en réserve sur le fond bleu.

6 — Plateau oblong à angles coupés et à deux anses. Décor en camaïeu bleu avec rosace centrale.

7 — Grand plat rond, décor bleu. Le marli est orné de lambrequins et le fond d'une large rosace. Très-belle pièce. Diam., 55 cent.

8 — Grand plat rond, décor bleu. Les ornements semblables à ceux du précédent. Très-belle pièce.

9 — Deux compotiers octogones à bords festonnés, décor bleu. Guirlandes de fleurs au marli et corbeille au centre.

10 — Assiette, mêmes décors et ornements.

11 — Assiette style Louis XIV, décor bleu. Très-belle bordure à ornements et fleurs ; paysage avec personnages au centre.

12 — Assiette de même style, décor en camaïeu bleu ; bordure à festons, rosace avec cercle en réserve blanche au centre.

13 — Assiette de même style, décor en camaïeu bleu. La bordure très-ornée et bouquet de fleurs au centre.

14 — Assiette de même style. Belle et large rosace avec bouquet de fleurs au centre.

15 — Assiette de même époque à décor en camaïeu bleu ; bordure à festons et rosace au centre.

16 — Assiette de même style à décor analogue en bleu et rouille.

17 — Compotier ovale sur piédouche à décor en camaïeu bleu. Bordure à lambrequins alternés ; très-belle rosace avec oiseaux voltigeant au centre.

18 — Aiguière forme casque avec mascaron ; décor en camaïeu bleu.

19 — Aiguière analogue à celle qui précède.

20 — Deux bouteilles, forme gourde, décor primitif en camaïeu bleu à paysages et oiseaux.

21 — Bouteille hexagone décorée de lambrequins alternés en camaïeu bleu.

22 — Sucrière, forme vase, à décor bleu.

23 — Sucrière de même forme, à décor bleu très-riche, à lambrequins et festons de fleurs.

24 — Encrier de forme oblongue et arrondi à ses extrémités. Décor en camaïeu bleu à festons et lambrequins.

25 — Crachoir de même décor.

26 — Salière à double couvercle, décor bleu, avec charnières et boutons en étain.

27 — Petit bol décoré de lambrequins en camaïeu bleu.

28 — Porte-burettes à anse, décoré de fleurs et d'ornements en camaïeu bleu.

29 — Petite burette à riche décor en camaïeu bleu.

30 — Deux salières à décor en camaïeu bleu; l'une ronde et l'autre de forme octogone.

31 — Petit pot à deux anses et à couvercle à décor en camaïeu bleu.

32 — Grand plat oblong à angles coupés, décor polychrome. Bord à festons bleu foncé et jaune. Le centre, à décor rehaussé de manganèse, représente un paysage avec personnages chinois.

33 — Bouquetière à pans, à décor bleu et rouille ; fleurs et ornements avec réserves blanches.

34 — Bouquetière cintrée et à côtes, décor polychrome à fleurs et quadrilles alternés.

35-36 — Quatre compotiers octogones, décor bleu et rouille. Très-belle bordure et corbeille centrale. Ils seront vendus par deux.

37-39 — Six assiettes à bords festonnés, à décor en camaïeu bleu. Très-belle bordure, motifs alternés et armoiries au centre. Elles seront vendues par deux.

40-41 — Quatre assiettes à décor bleu et rouille. Très-belle bordure composée de motifs alternés. Le centre est occupé par une corbeille de fleurs reposant sur un support formé de quadrilles et de guirlandes de fleurs. Elles seront vendues par deux.

42 — Assiette à décor bleu pâle et jaune, très-belle bordure et corbeille de fleurs au centre.

43 — Assiette, décor polychrome, très-belle bordure armoriée; paysage avec personnages au centre.

44 — Assiette, décor polychrome, très-belle bordure avec cartouches quadrillés, reliés par des festons de fleurs ; belle corbeille de fleurs au centre.

45 — Assiette, décor polychrome, le marli offre des quadrilles alternés de réserves avec fleurs; corbeille de fleurs au centre.

46 — Boîte à savon avec couvercle à jour, décor polychrome à fleurs et ornements quadrillés.

47 — Pichet, décor polychrome primitif, à la corne tronquée avec la figure de saint Nicolas et la date de 1739, et l'inscription : Nicolas Drouet.

48 — Porte-huilier polychrome, paysage et sujets chinois. Marque G.G.

49 — Porte-huilier semblable à celui qui précède.

50 — Saladier ou compotier carré à contours, décor polychrome à fleurs et quadrilles.

51 — Pot à eau, décor polychrome à personnages en costume Louis XV, dans un paysage ; genre Strasbourg.

52 — Bonbonnière de forme contournée, décor polychrome à la corne. Pièce rare.

53 — Salière à trois compartiments et à couvercle mobile, décor à la corne tronquée.

54 — Moutardier, très-joli décor polychrome à fleurs et quadrillé, G. Guillibaud.

55 — Autre moutardier, décor riche en jaune, rouge et bleu.

56 — Salière à trois compartiments avec couvercle mobile, décor polychrome.

57 — Salière octogone, décor bleu et rouille.

58 — Pot à eau de Levavasseur, genre Strasbourg ; très-beau décor polychrome à personnages.

59 — Belle écuelle à anses plates, genre Louis XIII, décor polychrome à bandes de fleurs sur fond bleu et figure de Madeleine à l'intérieur; très-joli décor. Elle porte le nom de *Magdelaine Mélin*.

60 — Paire de petits sabots, décor polychrome.

61 — Pichet à cidre, très-beau décor polychrome avec la figure de saint Jean, portant la date de 1736 et les noms : Jean-Baptiste Boitard.

62 — Plat rond, décor polychrome; le marli offre des quadrilles avec réserves garnies de fleurs. Le centre représente un paysage chinois. Signé E. G.

63 — Grand plat rond, décor polychrome, très-belle bordure quadrillée avec réserves; le centre est décoré de fleurs et de fruits.

64 — Plat rond, décor polychrome, dit à la gargouille; le marli offre des motifs de la corne tronquée, et le centre, un dragon. Pièce rare.

65 — Plat à bord festonné, décor polychrome dit au carquois.

66 — Grand plat, décor polychrome à la double corne d'abondance, fleurs et oiseaux.

67 — Compotier octogone, décor polychrome genre chinois avec personnages.

68 — Gourde de forme aplatie, décor polychrome à personnages et fleurs.

69 — Compotier genre chinois avec personnages.

70 — Bouquetière, décor polychrome à la corne d'abondance.

61 — Pichet, décor polychrome avec la figure de saint Pierre en camaïeu. Date de 1764 et nom: *Monsieur Pierre Crevet.*

72 — Pot-à-eau, décor polychrome à la corne d'abondance.

73 — Cafetière à manche adhérent et à trois petits pieds; décor polychrome à fleurs et oiseaux.

74 — Théière, décor bleu et rouille.

75 — Soupière ronde à contours, décor polychrome à fleurs et ornements.

76 — Assiette à bords festonnés, même décor.

77 — Jardinière oblongue à contours, décor polychrome à la tulipe.

78 — Saucière, même décor.

79 — Tasse forme droite et une soucoupe, décor polychrome à fleurs.

80 — Deux petits lions, décor polychrome.

81 — Sucrier avec plateau adhérent, décor polychrome, genre Levavasseur à fleurs.

82 — Assiette, décor polychrome à personnages et paysage chinois.

83 — Assiette décor polychrome à la double corne tronquée.

84 — Assiette, décor polychrome, la bordure jaune et noire; le centre occupé par des feuilles de vigne et des grappes de raisin.

85 — Assiette, décor polychrome, dit au carquois.

86 — Assiette, décor polychrome à la double corne d'abondance.

87 — Douze belles assiettes, décor polychrome dit à la corne.

88 — Soupière ronde à couvercle, décor polychrome dit à la pagode.

89 — Moutardier et salière, décor polychrome.

90 — Bourdaloue, genre Levavasseur, à fleurs.

91 — Fontaine formée d'un homme à califourchon sur un tonneau, décor dit à la vigne.

92 — Deux forts lions assis, posant la patte sur une boule; décor polychrome.

93 — Grand plat rond à décor bleu et rouille; très-belle bordure avec réserves et grande rosace occupant le centre; décor rare. Diam., 55 cent.

94 — Beau plateau oblong à angles coupés, décor camaïeu bleu; très-belle bordure avec guirlande de fleurs et armoiries au centre.

95 — Plat ovale à côtes, décor en camaïeu bleu ; bordure à festons, le centre recouvert d'une très-belle rosace avec motif de ferronnerie.

96 — Saladier rond à côtes, décor en camaïeu bleu, bordure élégante avec armoirie et corbeille de fleurs au centre.

97 — Plat à barbe à décor en camaïeu bleu, le marli offre des lambrequins et le centre est occupé par une rosace.

98 — Plat à barbe à décor bleu et rouille; bordure à lambrequins reliés par des guirlandes et des draperies; armoiries au centre.

99 — Grand plat rond à décor en camaïeu bleu; bordure à lambrequins et rosace au centre composée de motifs de ferronnerie. Diam., 47 cent.

100 — Grand plat rond à décor en camaïeu bleu; lambrequins alternés de fleurs au marli et grande rosace avec cercle en réserve blanche au centre. Diam., 47 cent.

101 — Pichet à décor en camaïeu bleu, daté de 1703, et représentant le sujet de la fable : *le Renard et la Cigogne.*

102 — Bouteille forme gourde; beau décor de fleurs en camaïeu bleu avec réserve blanche et motifs de ferronnerie.

103 — Pichet à décor de paysage en camaïeu bleu, daté de 1748, et portant le nom : *Jean Pécot.*

104 — Grand vase en forme de balustre à pans, couvert de beaux motifs, décorés en camaïeu bleu.

105 — Grand vase en forme de potiche avec couvercle, également couvert de beaux décors en camaïeu bleu.

106 — Fontaine-applique avec couvercle et bassin, décor polychrome à fleurs et ornements.

107 — Ecuelle, dite bouillon, à décor en bleu et rouille.

108 — Groupe en faïence blanche ; le Tailleur de pierre.

109 — Cuvette ovale à contours ; décor polychrome dit à la pagode.

110 — Vase ovoïde, décor bleu et jaune ; très-beaux motifs avec mascarons.

111 — Grand broc polychrome, décoré, du col à la panse, par une guirlande de fleurs et de fruits.

112 — Levrier et levrette assis, décor polychrome.

113 — Grand vase de forme ovoïde, monté en bois noir et décoré de très-beaux motifs en camaïeu bleu.

114 — Grand vase de pharmacie, également monté en bois noir, décoré en camaïeu bleu avec médaillon et inscription.

115 — Grand plat ovale à contours, décor polychrome dit à la pagode avec personnages. Décor très-beau et très-vif.

116 — Petit baril, décor polychrome à feuillages verts.

117 — Plat oblong à angles coupés et à anses à décor en camaïeu bleu. Bordure à quadrilles et fleurs alternés ; très-belle corbeille au centre, entourée d'une guirlande de fleurs.

118 — Plat de même forme, décor polychrome, genre Guillibaut. Bord à quadrilles et réserves avec fleurs. Le centre est occupé par un arbuste avec fleurs et fruits.

119 — Plat oblong à contours dentelés et à anses, décor en jaune, rouge et vert, fleurs au centre.

120 — Plat de même forme, décor polychrome, dit à la corne d'abondance.

121 — Compotier à bords festonnés, décor polychrome ; belle bordure et paysage avec fleurs au centre.

122 — Assiette à décor primitif en camaïeu bleu ; fleurs au centre avec le millésime 1755, et le nom : *François Tronquet.*

123 — Deux assiettes de Levavasseur, genre Strasbourg, marli à reliefs à fleurs ; au centre, paysage et oiseaux.

124 — Deux assiettes de Levavasseur, camaïeu rouge violacé ; bordure étroite et armoirie au centre.

125 — Assiette, décor polychrome ; fleurs détachées au marli ; bouquet de fleurs au centre. Signée *Gardin*.

126 — Assiette, décor polychrome dit à la tulipe.

127 — Fontaine-applique, beau décor en camaïeu bleu.

128 — Cuvette ovale à côtes, de Levavasseur, décor polychrome ; les bords teintés en rouge, le centre avec paysage et oiseaux.

129 — Partie antérieure de sabot, décor polychrome à fleurs et oiseaux.

130 — Plat rond à contours, décor à la corne tronquée.

131 — Plateau de balance, décor polychrome ordinaire.

FAIENCES DE NEVERS

132 — Gourde, décor bleu et jaune offrant dans un médaillon la figure de saint Michel, et, au revers, un groupe de deux ancres. Elle porte les noms suivants et la date 1759 : Michel, Volos, Strope.

133 — Perdrix formant coupe, décor polychrome.

134 — Grand plat rond décoré en camaïeu bleu à paysage, fleurs et oiseaux.

135 — Grand plat rond, décor en camaïeu bleu; armoirie au centre et fleurs au marli.

136 — Plat rond, décor primitif polychrome; jeune femme pinçant de la guitare.

137 — Grand plat polychrome ; marli décoré en bleu avec palmes alternées ; sujet chinois au centre.

138 — Gourde en forme de tonnelet, décorée de doubles personnages, saint Jean et sainte Catherine. Elle porte l'inscription suivante: Jean Dion, maître charron, 1749.

139 — Assiette à décor en camaïeu bleu et rehauts de manganèse avec personnages chinois.

140 — Plateau rond, décor en camaïeu bleu à sujet chinois.

141 — Assiette à fond bleu décorée de fleurs émaillées blanc, au centre et au marli.

142 — Carreau rectangulaire à fond bleu, décoré de rinceaux et d'oiseaux émaillés blanc.

143 — Soucoupe à décor bleu, au centre un oiseau et ornements au marli.

FAIENCES DE MARSEILLE

144 — Bouquetière oblongue à deux étages et à contours, à paysages, fleurs et animaux en relief et décorés en couleurs. Marque à la fleur de lys.

145 — Grand plat rond à contours, décor polychrome à fleurs.

146 — Jolie assiette à bords festonnés, décor polychrome à fleurs.

147 — Bourdalone en forme de coquille, joli décor polychrome à fleurs. A l'intérieur, un œil et une inscription.

FAIENCES DE MOUSTIERS

148 — Jolie assiette à bords festonnés, décor polychrome; au centre, figure de Diane et festons de fleurs au marli.

149 — Deux assiettes à décor bleu et armoiries au centre.

150 — Assiette, décor polychrome à bouquets de fleurs au centre et festons de fleurs au marli.

151 — Assiette décorée de fleurs et de guirlandes en manganèse.

152 — Belle soupière avec plateau à riche décor polychrome à fleurs, figures et ornements rocaille. Belle qualité.

153 — Assiette à décor polychrome; au centre, figure de bergère et fleurs au marli.

FAIENCES DE STRASBOURG

154 — Bouquetière de forme carrée, décor polychrome à fleurs. Elle porte la marque de Pierre Hanong.

155 — Bouquetière de forme carrée à fleurs et animaux en relief et couleurs.

156 — Plat rond à contours, décor polychrome à fleurs.

157 — Plateau ovale à contours, décor polychrome à fleurs. Marque de Hanong.

158 — Petit plateau ovale à contours, décor polychrome à fleurs très-soigné. Marque de Hanong.

159 — Assiette décor polychrome et à reliefs. Fleurs au centre et fleurs au marli se détachant sur un fond carmin.

160 — Assiette, décor polychrome à fleurs.

FAIENCES DIVERSES

161 — Grand plat rond à côtes en faïence italienne offrant au centre un écusson armorié.

162 — Plaque ronde en faïence d'Urbino, décorée d'une figure de cavalier.

163 — Assiette en faïence de Niderviller à bord découpé à jour, décorée de jetés de fleurs et marli, rehaussé de carmin.

164 — Plat ovale à contours de même faïence à décor en camaïeu rouge; paysage au centre et insectes au marli.

165 — Deux grandes assiettes en faïence de Lorraine, à bords à jour; décor manganèse foncé, à bouquet de roses au centre.

166 — Statuette en faïence de Lorraine : le petit Savoyard.

167 — Deux statuettes : saint Pierre et saint Paul.

FAIENCES DE DELFT

168 — Jolie assiette à riche décor polychrome rehaussé d'or à fleurs et ornements de style japonais.

169 — Plat rond, décor polychrome; au centre, le Sacrifice d'Abraham en camaïeu bleu; au marli, fleurs, enfants et animaux sur fond jaune.

170 — Grande plaque de forme contournée en hauteur à décor bleu; figure de Léda, debout.

171 — Autre plaque à sujet en camaïeu au centre, représentant l'Échelle de Jacob, et bordure polychrome à fleurs sur fond jaune.

172 — Petite plaque représentant un paysage en camaïeu bleu.

173 — Compotier rond à côtes, décor polychrome à fleurs et oiseaux.

174 — Compotier rond, décor polychrome à fleurs arabesques.

175 — Deux assiettes décorées de bustes en camaïeu bleu portant les millésimes de 1747 et 1748.

176 — Plat rond à décor bleu, paysage, fleurs et oiseau.

177 — Assiette à décor bleu; large écusson armorié au centre et fleurs au marli.

178 — Assiette à décor bleu, paysage avec figures.

179 — Assiette, décor polychrome à fleurs et ornements.

PORCELAINES DE SÈVRES

180 — Deux assiettes à bords festonnés en vieux Sèvres pâte tendre, décorées de jetés de fleurs et bords à hachures bleues.

181 — Jolie tasse forme droite avec soucoupe en vieux Sèvres pâte tendre à bandes bleues et décor de fleurs. Époque Louis XVI.

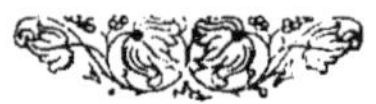

www.ingramcontent.com/pod-product-compliance
Ingram Content Group UK Ltd.
Pitfield, Milton Keynes, MK11 3LW, UK
UKHW020537180726
13839UKWH00006B/2555

9 782329 516202